APPARITION

DE

LA TRÈS - SAINTE VIERGE

A M. ALPH. RATISBONNE.

EXTRAIT

de la

RELATION AUTHENTIQUE

DE SA CONVERSION

PARIS

CHEZ DOPTER, ÉDITEUR,

RUE SAINT-JACQUES, 21 ;

à Toulouse, rue de la Trinité, 19.

1843

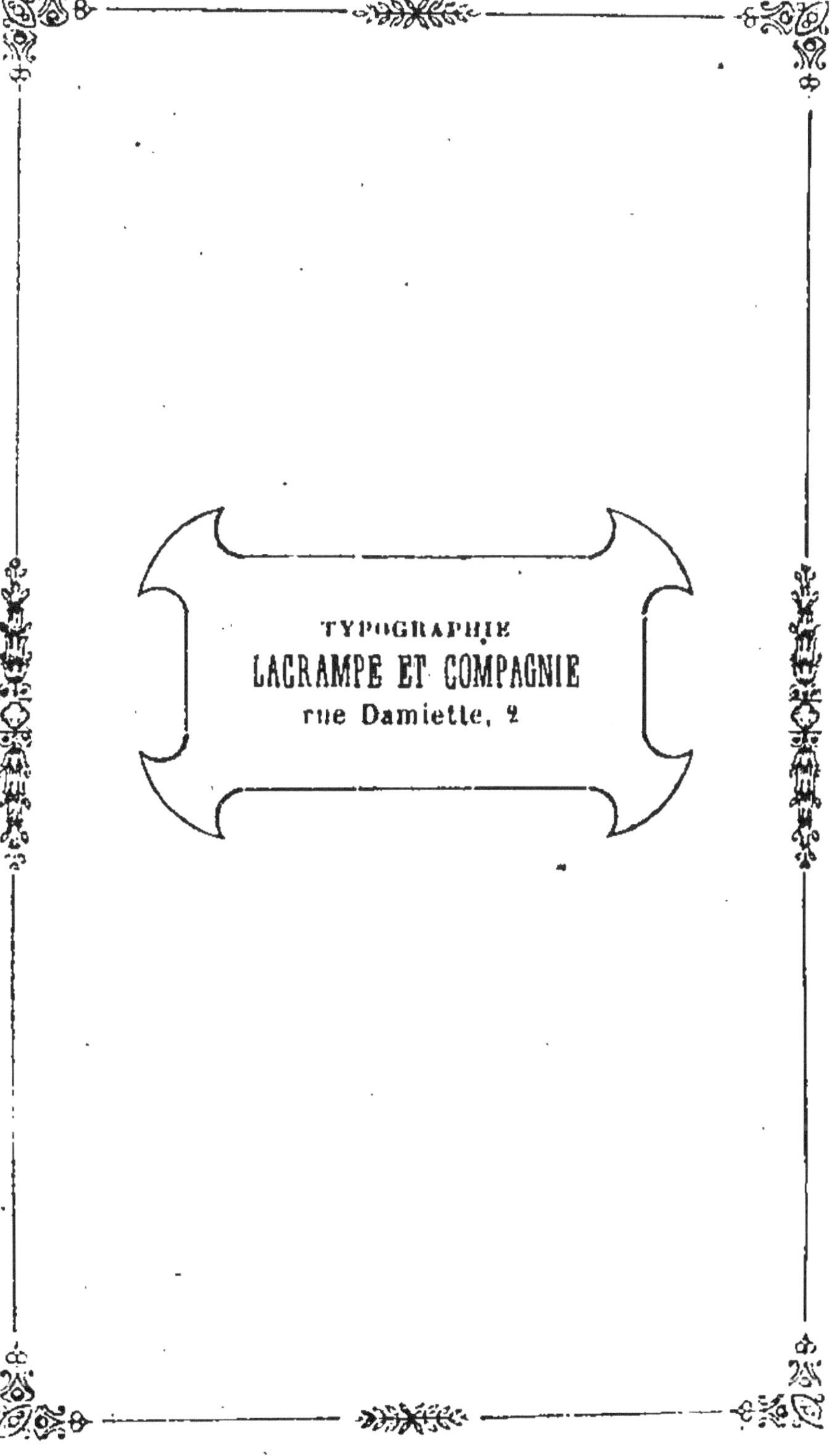
TYPOGRAPHIE
LACRAMPE ET COMPAGNIE
rue Damiette, 2

AMOUR ET GLOIRE A JÉSUS

qui nous a donné Marie pour mère.

AMOUR ET HONNEUR A MARIE,

si miséricordieuse pour nous, pauvres pécheurs.

APPARITION

DE LA

TRÈS-SAINTE VIERGE

A M. ALPH. RATISBONNE

EXTRAIT

de la Relation authentique de sa Conversion.

M. Alphonse Ratisbonne, jeune homme d'une famille distinguée de Strasbourg, se rendait à Rome en janvier 1840. De la religion juive, et ardent détracteur du catholicisme, c'était contre sa résolution première qu'il se décidait à visiter cette ville,

centre de la catholicité ; mais la curio-
sité de *touriste*, ou plutôt une volonté
surhumaine, pénétrante, irrésistible,
l'avait déterminé à vaincre ses répu-
gnances. Il vit donc la ville pontificale ;
mais, pressé de continuer un long
voyage qu'il avait entrepris, peu de
jours s'étaient à peine écoulés qu'il
songeait à en repartir. Pourtant il
lui restait à rendre une visite à un de
ses amis d'enfance, M. Gustave de
Bussières ; il s'y rendit donc, mais
comme il était absent, ce fut son frère
qui le reçut. M. Théodore de Bussières, homme pieux, donna tout d'abord
à la conversation une tournure reli-
gieuse, et, dès les premières paroles, il
reconnut promptement que la répu-
tation de M. Ratisbonne d'hostile au
catholicisme, n'était pas exagérée.
Toutefois, par une bizarre disposition
ou par suite d'un ascendant tout par-
ticulier, M. Ratisbonne, empruntant

l'extérieur d'un défi poli, promit de réciter le *Memorare*, ou Souvenez-vous, ô Vierge (prière de S. Bernard), et de conserver la médaille miraculeuse que le comte de Bussières lui avait suspendue au cou, aidé de l'assistance de ses petites filles. Si le pieux comte n'eût été mu par une force intérieure qui le poussait vers cet homme, étranger pour lui, et dont le départ, en outre, était très-proche, il n'aurait pu voir dans ce fait qu'une de ces concessions qu'on accorde aux aimables exigences d'un enfant; mais, en dépit de la froide raillerie du jeune homme, il conçut le noble projet de ramener cette âme dans la bonne voie.

— Le lendemain et les jours suivants, ils se revirent; car sur la représentation de M. de Bussières, qu'il y aurait, sous très-peu de jours, une cérémonie à Saint-Pierre, à laquelle le pape devait présider, M. Ratisbonne. avait différé son départ jusque-là, dans l'attente de trouver matière à ses remarques ironiques.

Sur ces entrefaites, M. de Bussières éprouva une perte cruelle : un de ses amis, le digne M. de Laferronnays, qui avait grandement applaudi à son idée de prosélytisme, mourut presque subitement. Les préoccupations et les devoirs que cette mort lui imposait ne l'éloignèrent pourtant pas de M. Ratisbonne ; il redoubla même de zèle, plein de confiance qu'il était dans les prières que son ami défunt devait joindre aux siennes pour la conversion de l'homme égaré.

Rien ne semblait faire impression sur M. Ratisbonne ; pas plus qu'au premier jour de son arrivée à Rome, ne se trahissait en lui la moindre émotion, la plus faible tendance à un retour à d'autres idées ; il était même étonné de l'opiniâtreté que son nouvel ami montrait à espérer sa conversion, et lui disait *qu'il était plus juif que jamais.* Pourtant, par déférence, il remplissait sa promesse envers M. de Bussières, et il récitait le *Memorare.*

Enfin, le jeudi 20 janvier, vers midi, M. Ratisbonne rencontra M. de Bussières, qui l'engagea à l'accompagner dans une course, se réservant de s'arrêter quelques instants à l'église Saint-André *delli Fratti.* En effet, ils y entrèrent ensemble, et là M. Ratisbonne apprit que les préparatifs qui étaient faits pour un service funèbre étaient ceux de M. de Laferronnays. M. de Bussières le quitta donc, afin de faire une recommandation au sujet de cette même cérémonie. « Ne vous impatientez pas, lui dit-il, ce sera l'affaire de deux minutes. » Et lorsqu'il revint, l'œuvre de la conversion était accomplie !!...

« En entrant dans l'église, dit M. de
« Bussières, je n'aperçois d'abord pas
« M. Ratisbonne; puis je le décou-
« vre bientôt, agenouillé devant la
« chapelle de l'ange saint Michel. Je
« m'approche de lui, je le pousse plu-
« sieurs fois avant qu'il s'aperçoive de
« ma présence. Enfin, il tourne vers
« moi un visage baigné de larmes,
« joint les mains, et me dit, avec une
« expression impossible à rendre : Oh !
« comme M. de Laferronnays a prié
« pour moi ! »

Lorsque cette délirante émotion
commence à se calmer, M. Ratisbonne, avec un visage radieux, je dirais
presque transfiguré, me serre dans ses
bras, m'embrasse, me demande de le
mener chez un confesseur, veut savoir
quand il pourra recevoir le baptême,
sans lequel il ne pourrait plus vivre.....

Je le conduisis au Jésus, près du
P. de Villefort, qui l'engagea à s'ex-

pliquer. Alors il tire sa médaille, l'embrasse, nous la montre, et s'écrie : *Je l'ai vue, je l'ai vue !!!* et son émotion le domine encore ; mais bientôt, plus calme, il peut s'exprimer ; voici ses propres paroles :

« J'étais depuis un instant dans l'égli-
« se, lorsque tout d'un coup je me suis
« senti saisi d'un trouble inexprimable.
« J'ai levé les yeux ; tout l'édifice avait
« disparu à mes regards ; une seule
« chapelle avait, pour ainsi dire, con-
« centré toute la lumière, et au milieu
« de ce rayonnement, a paru, debout
« sur l'autel, grande, brillante, pleine
« de majesté et de douceur, la vierge
« Marie, telle qu'elle est sur ma mé-
« daille ; une force irrésistible m'a
« poussé vers elle. La Vierge m'a fait
« signe de la main de m'agenouiller ;
« elle a semblé me dire : C'est bien !
« *Elle ne m'a point parlé, mais j'ai*
« *tout compris.* »

Répondant à M. de Bussières, il ne pouvait expliquer lui-même comment il était passé du côté droit de l'église à la chapelle qui est à gauche, et dont il était séparé par les préparatifs du service funèbre. Il s'était tout à coup trouvé à genoux et prosterné auprès de cette chapelle. Au premier moment, il avait pu apercevoir la Reine du ciel, dans toute la splendeur de sa beauté sans tache; mais ses regards n'avaient pu soutenir l'éclat de cette lumière divine. Trois fois il avait essayé de contempler encore la Mère des miséricordes, trois fois ses inutiles efforts ne lui avaient permis de lever les yeux que jusqu'à ses mains bénites. « Je ne saurais rendre ce que je « voyais de miséricorde et de libéralité « dans les mains de Marie. Ce n'était « pas une abondance de lumière; ce « n'étaient pas des rayons que je dis- « tinguais; mais les paroles manquent

« pour rendre ce que renfermaient les
« mains de notre Mère, pour redire
« les dons ineffables qui en décou-
« lent..... »

Prière

DE

SAINT ALPHONSE DE LIGUORI

A LA SAINTE VIERGE

Pour obtenir le pardon des péchés.

———

Me voici, ô Mère de miséricorde, humblement prosterné à vos pieds ; c'est à vous que j'ai recours, à vous en qui je mets, après Dieu, toute ma confiance. Mère de mon Dieu, ayez pitié de moi. Tous les pécheurs repentants vous appellent avec raison leur refuge et leur espérance, vous l'êtes en vérité. Étendez sur moi les effets de votre clémence ; sauvez-moi par votre intercession ; secourez-moi pour l'amour de Jésus-Christ, mon Sauveur. Donnez la main à une âme pécheresse qui se recommande à vous, qui promet de vous servir à jamais. Je déteste toutes mes iniquités, j'en attends le pardon de mon Sauveur, par votre intercession toute-puissante. Oui, ô Marie, ma tendre mère, vos prières m'obtiendront, j'en ai la douce confiance, le pardon de mes péchés et la grâce de servir mon Dieu jusqu'au dernier soupir de ma vie.....

Vierge sainte, secourez-moi !
Tendre Marie, sauvez-moi !